ÉLOGE

DE Mgr MIOLAND,

ARCHEVÊQUE DE TOULOUSE,

Prononcé en Séance publique, le 9 Avril 1860,

Par M. l'Abbé DUILHÉ DE SAINT-PROJET,
un des quarante Mainteneurs.

MESSIEURS,

Pour répondre comme je le dois au témoignage de bienveillante confiance dont vous m'avez honoré, je voudrais vous rendre, un instant, le vénéré Pontife que nous regrettons. Je voudrais vous le rendre, tel qu'il s'est toujours montré parmi vous, sans apprêt, sans fausse dignité, laissant percer à travers l'aimable abandon de ses manières la bonté de son cœur, la sagesse de son esprit.

Si humble qu'ait été la condition d'un homme sur la terre, c'est beaucoup de pouvoir dire de lui : Il eut un bon esprit et un bon cœur. Mais s'il fut appelé à conduire ses semblables, s'il fut revêtu de la haute magistrature des âmes, de ce caractère sacré de l'épiscopat, qui nous révèle chaque jour encore, vous le savez, les plus éclatantes preuves de sa mission divine; il est difficile de saisir tout d'abord ce que peut signifier un éloge résumé dans ces simples paroles : Un bon esprit et un bon cœur. Messieurs, je ne crains pas de vous en assurer, la vie de Mgr Mioland nous l'apprendra.

Je ne chercherai pas à répandre de la solennité dans
ce discours. Je sais que vous estimez avant toute chose
la propriété du ton et du style, et je me souviens trop
de ce regard pénétrant, de ce sourire où la bienveillance habituelle de notre éminent Confrère se mélan-
geait d'une légère ironie, en présence de l'exagération
et de l'emphase. Puissé-je honorer par la plus exquise
des beautés littéraires, par la simplicité, un Pontife
dont la simplicité fut l'une des premières vertus.

Il est ordinairement bien difficile de savoir à quelle
occasion l'idée de Dieu, le sentiment de la divinité
s'est présenté à nous pour la première fois, comment
il s'est développé dans notre âme d'enfant. Est-ce par
la crainte, est-ce par l'amour, que se fit la première révélation?.. Heureux celui à qui Dieu se manifesta dans
le regard d'une mère! heureux celui qui entrevit la
Providence dans sa plus vivante image en ce monde!
Il en fut ainsi de Mgr Mioland, et dans des circonstances
tellement touchantes, que je dois les faire connaître
avec quelques détails. Peut-être y découvrirons-nous
le secret de cette piété douce et franche dont nous avons
tous subi l'irrésistible séduction.

Mgr Mioland naquit à Lyon, en 1788, d'une famille
honorée dans le commerce et de mœurs patriarcales.
Son intelligence commençait à peine à s'éveiller, qu'il
devint le témoin des plus épouvantables scènes de la
révolution. Un de ses proches parents mourut sur l'é-
chafaud, son père fut proscrit, il resta seul avec sa mère.

De toutes les grandes villes de France, Lyon fut
celle où la terreur se montra le plus inexorable. Sous
le hideux bourreau qui se vantait « de distinguer un
traître à première vue », la prudence était nécessaire.
Dans la famille si chrétienne de Mgr Mioland, on fit
soigneusement disparaître ce qui pouvait rappeler des

habitudes religieuses. La mère dut s'interdire toute prière à haute voix ; elle osait à peine prononcer le nom de Dieu devant un enfant trop jeune encore , et dont la naïve indiscrétion aurait pu la perdre à chaque instant. Mais n'y a-t-il pas un langage propre à la tendresse maternelle, le plus riche peut-être, et à coup sûr le plus pénétrant des langages? La pieuse mère sut se faire entendre sans le secours de la parole. Son cœur, ses yeux, ses larmes, qui sans cesse parlaient de son fils à Dieu, parlèrent de Dieu à son fils. Celui-ci ne tarda pas à s'apercevoir que l'amour de sa mère avait recours à un autre amour plus puissant et aussi doux ;.. il avait deviné toute l'économie de la religion chrétienne.

Un jour Mme Mioland , en habits de deuil, le conduisit au troisième étage d'une pauvre maison ; et là , dans ce grenier, pendant que la révolution hurlait encore dans les rues de la ville, elle expliqua elle-même à l'enfant, orphelin depuis deux jours , le sens du service funèbre célébré pour le père de famille , la valeur du sacrifice de la messe, les espérances de la prière. La plus longue vie ne suffirait pas pour faire oublier de semblables leçons.

Une fois initié, le jeune Mioland s'attacha avec passion à ces obscures cérémonies qui n'avaient pas même la sécurité des catacombes ; il devint un des adeptes les plus courageux, les plus assidus de la religion persécutée.

Ce ne fut que le jour de Pâques de l'année 1802 qu'il put contempler, pour la première fois, les splendeurs d'une fête chrétienne. On venait d'ouvrir nos églises, le catholicisme s'offrit à lui dans toute sa majesté. Le lendemain, son professeur de rhétorique donna, pour sujet de composition, le rétablissement du culte public. Le jeune Mioland obtint la première

— 4 —

place. Mais son triomphe était à peine proclamé, qu'il
avait disparu ; il goûtait une joie plus douce que celle
de la victoire, il était auprès de sa mère. Ils lisaient
ensemble la description de la fête ; à chaque page, à
chaque ligne , l'un et l'autre croyait reconnaître ses
propres souvenirs, ses propres inspirations.... Ce
n'était pas le rhétoricien, c'était le fils d'une sainte
femme, qui avait remporté cette couronne. Mgr Mioland
écrivait depuis, en se rappelant les émotions de cette
journée : « Je ne croyais pas qu'on pût vivre d'autres
» sentiments que du sentiment chrétien. »

Remarquons-le bien , Messieurs ; pour cet excellent
jeune homme, l'amour filial ne se distingua jamais du
sentiment chrétien ; en voici encore une bien touchante preuve. L'époque du sous-diaconat approchait ;
le séminariste ne pouvait douter qu'au moment où il
se prosternait sur le pavé de l'église, un cœur battrait
plus violemment que le sien. Les symboliques paroles
de la liturgie chrétienne lui parurent admirablement
propres à donner aux larmes maternelles une grande
douceur ; il traduisit et commenta pour sa mère les
prières de l'ordination ; de telle sorte que cette émou-
vante cérémonie ne fut qu'un long entretien , une con-
versation intime entre ces deux âmes. Isaac expliqua
lui-même au vieil Abraham tous les détails du sacrifice (1).

Cette communauté de pensées , de sentiments , d'as-
pirations religieuses se manifesta surtout au moment
où elle devait être interrompue par la mort. Le 3 novem-
bre 1817, le jeune prêtre était depuis quelques jours

____

(1) M. Mioland fut ordonné sous-diacre le 23 juillet 1810.
L'année précédente, son frère , unique survivant d'une nombreuse
famille , s'était enfermé au couvent des Trappistes de la Val-Sainte,
où il mourut deux ans après , le 12 mai 1811.

auprès de sa mère malade. Celle-ci, comprenant que sa dernière heure approchait, voulut consoler son agonie par l'admirable récit de la mort de sainte Monique. Son fils ouvrit le livre des *Confessions*, et lut d'une voix émue la page célèbre qui commence par ces mots : « A » peu de distance du jour où ma mère devait sortir » de cette vie, nous nous trouvions seuls, appuyés sur » une fenêtre d'où se voyait le jardin… Nous parlions » avec une douceur ineffable ; oubliant le passé, occu- » pés de l'avenir, nous montions avec le plus ardent » amour vers les félicités éternelles… » Le génie d'Augustin, les larmes de sainte Monique, l'émotion traditionnelle de tous les siècles et de tous les arts ont rendu cette scène incomparable ; et pourtant, cette autre scène plus récente, plus obscure, ne lui ressemble-t-elle point par le côté essentiel ? N'est-ce point, de part et d'autre, une mère entre son fils et l'éternité ?

Vous connaissez, Messieurs, dans ses traits essentiels, l'enfance et la jeunesse de Mgr Mioland; vous connaissez ainsi l'origine de ces vertus sincères, modestes, fécondes comme les vertus du foyer, et qui ne perdirent rien de leurs premiers charmes en s'élevant à la hauteur du caractère épiscopal. Le doux Fénelon disait à un évêque : « Soyez père ; ce n'est pas assez , soyez mère. » Ne vous étonnez point, Messieurs, si nous découvrons dans notre vénéré confrère la maternité de l'épiscopat : il en avait reçu les traditions du meilleur des maîtres. Un des grands bienfaits de la civilisation chrétienne, c'est l'heureuse et toute-puissante influence de la femme : mère, épouse, ou fille. Chez le prêtre, l'influence de la mère se prolonge, toujours souveraine, parce qu'elle ne doit pas être partagée.

Au moment où M. Mioland fermait les yeux de sa mère, était-il en mesure de répondre à un appel de la Providence qui s'était déjà fait pressentir ? Sans doute, rien ne lui manquait du côté du cœur, ni le zèle des âmes, ni la sève des saintes inspirations, ni l'ardeur du dévouement et du sacrifice ; mais il fallait élever son esprit à la même hauteur. Pour cela, il plut à Dieu de lui donner, dans l'expérience de quelques années, ces vivantes leçons ordinairement réservées à l'expérience des siècles, et que la plupart des hommes sont contraints de rechercher péniblement dans l'histoire.

Encore sur les bancs de l'école, il avait rencontré un excellent ami dont le nom obtenait naguère un autre genre de célébrité (1). Tous les deux aimaient à se retirer à l'écart pour lire la vie des grands hommes et des grands saints. L'histoire de Basile et de Grégoire de Nazianze leur inspira le goût de l'apostolat dans l'amitié, de l'apostolat en commun. Plus d'un Julien, hélas ! fréquentaient leur école ; mais ils se montrèrent moins obstinés que l'apostat d'Athènes : les deux amis convertirent le collége en quelques mois.

Dès cette époque, M. Mioland, ainsi qu'il le raconte lui-même, éprouva un irrésistible penchant à communiquer la lumière évangélique. Il était destiné à remplir, dans toute son étendue, la haute mission d'instruire et d'éclairer les âmes.

Lorsque l'enseignement s'adresse à la jeunesse, il s'appelle éducation ; lorsqu'il s'adresse à la société, on le nomme apostolat. Le second est le complément nécessaire du premier. Il vient un âge où l'éducation s'arrête, mais l'apostolat continue ; seulement, l'arène est plus vaste ; elle n'est plus entourée de murailles ; le monde a remplacé le collége. Notre

______

(1) L'abbé Honoré Greppo, frère du représentant du peuple.

confrère occupa, l'une après l'autre, les deux chaires de l'enseignement chrétien. Professeur de Théologie d'abord, il quitta le séminaire diocésain pour une maison de missionnaires, dont il fut le premier supérieur (1).

Rien n'est plus propre à donner la connaissance des hommes que le ministère des missions. Quel que soit le temps où il évangélise, le prêtre, au sein des populations émues, prosternées à ses pieds, pénètre infailliblement dans le secret des âmes : elles s'ouvrent devant lui comme un livre dont il peut lire toutes les pages. Mais qui pourrait dire les confidences que recevait un missionnaire au lendemain de la révolution ? Cheminant sans cesse entre les bourreaux et les victimes, s'efforçant d'arracher ici le repentir, là le pardon, bien plus coûteux au cœur humain que le repentir,... que de fois il vit de ses yeux, il toucha de ses mains, ce qu'il y a d'extrême dans le crime aussi bien que dans la vertu !

Il semble que M. Mioland, après avoir consacré les années généreuses de sa jeunesse et de son âge mûr à rétablir l'harmonie chrétienne dans un semblable désordre, après avoir fondé une maison d'apôtres voués au même ministère; après s'être assis avec honneur au conseil de son évêque (2); il semble que M. Mioland pouvait, sans présomption, accepter la charge épiscopale dans des temps moins difficiles que ceux qu'il avait traversés...; lui seul ne le crut pas ainsi. En 1836, on lui offre l'évêché de Verdun, il refuse;

____

(1) Dans l'année 1816, M. Bochard, vicaire général du cardinal Fesch, de concert avec ses collègues, fonda cette communauté de Missionnaires diocésains, dans l'ancienne maison des Chartreux, et nomma M. Mioland supérieur.

(2) M. Mioland était aussi Membre du Conseil central de la *Propagation de la Foi.*

on le presse, on le sollicite de toute part, il s'enfuit dans les montagnes de la Suisse. L'année suivante, on lui propose le diocèse d'Amiens, il refuse de nouveau. Ces saintes frayeurs de la modestie étaient peut-être le seul caractère qui manquait à l'évidence de sa vocation. Le nonce du Pape le conjure enfin de ne pas prolonger un refus qui pourrait attrister le chef de l'Eglise... L'humble missionnaire obéit.

Je ne sais, Messieurs, si je m'abuse, mais il me semble que vous devez partager le désir que j'éprouvais moi-même en ce moment, de voir à l'œuvre, revêtu de l'autorité pontificale, cet homme ainsi formé par la nature, par l'éducation, par l'expérience et par la grâce.

L'évêque se présente d'abord à nous comme le premier pasteur de son diocèse. A ce titre, il touche à des intérêts divers, quelquefois même opposés. Il porte, lui aussi, par la nature même de ses fonctions, la double charge du pouvoir temporel et du pouvoir spirituel ; il passe, à chaque instant, du for extérieur à celui de la conscience ; il reçoit, dans la même heure, le théologien et le magistrat ; des mêmes lèvres doivent tomber des paroles pour guérir une âme, des conseils pour diriger une affaire tout humaine. La justesse du regard, la prudence, l'exactitude, la discrétion, la bienveillance, la fermeté, sont autant de qualités nécessaires au bon administrateur : qualités simples en apparence, mais difficiles, et dont l'application est journalière. Je n'oublierai pas, Messieurs, que je parle à une Académie. Je sais que je ne puis m'étendre sur ce point, et je le regrette peu : je n'ajouterais rien à la renommée de Mgr Mioland. Dans cet ordre de choses, son humilité ne pouvait rien nous cacher.

L'évêque n'est pas seulement le pasteur d'un troupeau particulier ; sa haute mission ne saurait être bornée par les limites d'un territoire. Dans l'Eglise et dans la société, il participe au mouvement, à l'action, à la vie de l'épiscopat. Je n'ai pas besoin de dire ce que c'est que l'épiscopat. Ce nom suffit pour réveiller en nous l'idée de l'autorité morale, de la force morale, la seule qui ne prescrive pas, la seule qui ne connaisse pas de défaillance. Dans les temps les plus mauvais, au milieu même de l'affaissement universel, il a toujours conservé sa puissance, il a toujours maintenu les peuples dans le respect de la religion et dans l'amour du devoir. On sent que le souffle qui l'anime vient de haut ; on sent qu'il est fils de l'éternité, et que le temps ne peut rien contre lui.

Cette divine institution présente un caractère qui lui est commun avec toutes les grandes et belles œuvres de Dieu, — la variété dans l'unité. Unité de la foi : toute sa force dépend du lien mystérieux qui le rattache au centre du catholicisme ; variété dans les rôles, dans les talents, dans les vertus : si vous parcourez ses rangs, vous distinguerez sans peine les hommes d'action et les hommes de conseil, ici le génie de la conduite, là celui de la parole et de la pensée... Dans l'histoire intime de l'épiscopat, Mgr Mioland occupe une place qui, pour être moins éclatante au dehors, n'en est pas moins grande aux yeux de Dieu : il fut homme d'inspiration et de conseil.

Il serait difficile de donner une juste idée de la confiance que lui témoignèrent un grand nombre de prélats, même parmi les plus illustres. De toutes parts on sollicitait la consécration de sa sagesse pour des œuvres, pour des actes, pour des écrits destinés quelquefois à une grande célébrité. Quand l'horizon obscurci semblait faire craindre un orage, on ne tardait pas à se presser autour du pilote dont la prudence avait acquis une si juste renommée.

Entre tous ces témoignages d'affection, d'estime, et, si je l'ose dire, de filiale vénération, il en est un surtout qui honore Mgr Mioland, et que je ne saurais oublier. C'est la touchante amitié qui l'unissait à l'illustre martyr des barricades. Chaque épanchement de ces deux prélats porte l'empreinte d'une vive tendresse; ils agissent de concert, leurs sentiments se confondent : des deux côtés c'est le même abandon, la même déférence. Eh quoi! disait Mgr Affre à son ami qui le consultait à son tour, c'est vous qui venez à moi? *A te debeo baptizari, et tu venis ad me* (1)?

Dans les premières années, cette influence de l'Évêque d'Amiens sur l'esprit et le cœur de ses collègues, ne fut que la continuation de l'autorité toute paternelle qu'il avait exercée dans sa vie d'apôtre. La Maison des Missionnaires était devenue une maison d'Évêques (2), et la confiance des anciens disciples parut si sincère, si légitime, qu'elle s'étendit peu à peu, et devint presque générale. A mesure qu'elle s'étendait, le doux Prélat savait la changer en amitié. Il avait le don exquis de faire naître une heureuse illusion dans l'esprit de ceux qui lui demandaient conseil : en suivant le chemin qu'il avait tracé, chacun croyait suivre ses propres

---

(1) Ce n'est pas seulement dans les lettres, dans les entretiens des deux Prélats, que se manifestait cette affection réciproque; le Vicaire général de Paris chargé d'inviter l'Évêque d'Amiens aux funérailles de Mgr Affre, lui écrivait : «... Vous savez, Monseigneur, qu'il vous aimait beaucoup, il nous le répétait souvent... »

(2) Mgr Mioland avait eu pour disciples ou pour amis, au Séminaire de Saint-Sulpice, au Séminaire de Lyon, et surtout à la Maison des Chartreux, MMgrs d'Arbou, évêque de Bayonne; Gallard, coadjuteur de Reims; le cardinal Villecourt, le cardinal Dupont, le cardinal Donnet; MMgrs de La Croix-d'Azolète, Dufêtre, Plantier; M. Deguerry, curé de la Madeleine, etc., etc.

inspirations. C'était une lumière tempérée qui éclairait sans éblouir, qui brillait pour tous sans offusquer personne.

Telle fut, Messieurs, la participation réelle, efficace, de Mgr Mioland à la vie active de l'épiscopat français. Il se mêla ainsi aux graves controverses qui préoccupèrent, qui préoccupent encore les hommes de science et les hommes de foi, la nation et l'Église. Peut-être serait-on porté à croire qu'il y prit peu de part, ou même qu'il y fut indifférent, parce qu'il redouta le bruit autant qu'il aima le bien. Montrer dans un véritable jour cet important aspect de sa vie de pontife, me semble une obligation d'autant plus rigoureuse, qu'il mit lui-même plus de soin à la tenir cachée.

Vous n'avez pas oublié, sans doute, la rude charge qui fut sonnée naguère contre les classiques païens. Le trouble et la confusion menaçaient d'envahir les programmes séculaires de nos écoles. Il ne s'agissait pas seulement d'une plus juste répartition d'influence entre la pensée chrétienne et l'expression antique; la proscription était universelle, et les arguments péremptoires. Nous avions cru jusqu'à présent que Xénophon pouvait être signifié par l'abeille, car son éloquence est aussi douce que le miel; nous avions cru que Virgile pouvait être comparé au cygne, dont la fable immortalisa le chant;... nous nous étions bien trompés. Cette abeille, ce cygne qui nous paraissait si doux, si harmonieux, si poétique, c'était,... un insecte hideux,... un ver rongeur des sociétés modernes.

Mgr Mioland vit dans tout cela des intentions excellentes, mais une exagération et un danger. Il sentit combien il serait funeste pour le clergé de France, de paraître le complice d'une révolution qui se proclamait au nom de la religion et de la morale. Il savait que Rome chrétienne ne renie pas plus ses vieilles gloires littéraires que ses traditions artistiques ; il avait vu de près les colléges , les musées, les humanistes de la ville des Papes ; il se rangea ouvertement du côté des classiques menacés. Au plus fort de la lutte , il distingua un livre qui semblait dire le dernier mot de la question ; il écrivit à l'auteur pour le féliciter « d'avoir si bien vengé l'enseignement de l'Église dans les derniers siècles », il le pressa de continuer son œuvre, et lui promit « *les applaudissements de l'Épiscopat* (1). »

Je suis heureux, Messieurs, au sein de cette Académie, de rendre un solennel hommage à notre éminent Confrère, pour avoir pris ainsi les grands modèles antiques sous sa protection. Aujourd'hui plus que jamais, notre langue doit fréquenter les rivages de l'Attique et du Latium ; aujourd'hui plus que jamais, elle doit respirer l'air natal. Ne semble-t-il pas, en effet, qu'elle touche à cet âge de la vie dont parle Horace, à cet âge qui précède la vieillesse? Elle devient positive, mathématique , industrielle, *quærit opes !* Les broussailles de la technologie étouffent le bon grain dont se nourrissaient nòs aïeux. Les vocabulaires grossissent , je le sais ; mais le bien patrimonial s'appauvrit. Si nous voulons conserver la langue littéraire , la langue artistique , la langue de Bossuet et de Fénelon , ayons au fond du cœur l'inspiration chrétienne , et laissons à nos lèvres l'expression antique. Nouveau Samson, le génie chrétien doit partout combattre , immoler le paganisme ; mais si dans les flancs desséchés du monstre, il découvre un rayon de miel, pourquoi se montrerait-il plus difficile que le vainqueur des Philistins?

______

(1) Voir la *Lettre* de Mgr Landriot à l'*Univers* (10 août 1858), où sont reproduites les adhésions d'un très-grand nombre de Prélats français.

Pendant que le sort des classiques était ainsi agité, dans une sphère un peu moins accessible, dans les régions de la philosophie pure, on essayait une réforme qui n'était pas sans analogie avec la première. C'était la même sincérité, les mêmes prétextes, les mêmes acteurs, et surtout la même exagération.

Il semble, tout d'abord, que la campagne du traditionalisme contre le rationalisme chrétien devait présenter peu de dangers; non pas que la question ne fût très-importante, c'était même une question radicale; mais parce qu'elle était de celles qui n'intéressent qu'un très-petit nombre d'esprits. Le public littéraire élevé, est, hélas! bien restreint en France; le public métaphysicien l'est encore davantage. Il faut l'avouer à notre honte, ce n'est guère qu'au delà du Rhin qu'on se passionne pour une abstraction. Cependant, la question du traditionalisme secoua l'indifférence générale, elle s'étendit bien au delà du cercle étroit des philosophes de profession; peu la comprirent, mais beaucoup en parlèrent. C'est qu'elle touche à l'amour-propre de chacun, et surtout à l'amour-propre de notre siècle.

Le traditionalisme ne nie pas la raison individuelle, mais il l'humilie; il lui conteste toute puissance créatrice, toute communication spontanée, immédiate avec la lumière, toute participation directe à la vie intellectuelle : l'homme n'arrive à la pensée, au sentiment que par le langage, il n'arrive à la certitude que par l'autorité; c'est en vain qu'il se sent fait pour la pensée, pour la certitude, qu'il aspire comme l'aigle à boire les rayons du soleil : pour qu'il puisse prendre son vol, il faut que la société attache à ce nouvel Icare deux ailes d'emprunt, — le langage et l'autorité.

En abaissant ainsi la raison, on croyait servir les intérêts de la foi; mais Rome, gardienne de la foi, jugea autrement la cause et prit la défense de la raison. Mgr Mioland ne pouvait hésiter entre les deux théories de la connaissance, car il était l'ennemi naturel de tout excès doctrinal (1) ; dans ses lettres, dans ses entretiens, il témoigna la joie qu'il éprouvait de l'heureuse intervention du Saint-Siége ; il l'interpréta toujours dans le sens le plus favorable à la saine philosophie.

Le nouveau système, en effet, faux en lui-même, est surtout dangereux dans notre temps et dans notre pays : on ne gagnera rien à dresser les fourches caudines du traditionalisme au seuil de la foi catholique ; on éloignera plus d'un frère séparé, qui serait tenté d'en explorer les abords. En France, ce qui humilie, ce qui abaisse, révolte et ne convertit pas. Sous le coup d'une honte, même apparente, notre générosité devient de l'obstination ; nous tenons cela de nos ancêtres, nous sommes ainsi constitués. C'est au sortir d'une victoire, que le fier Sicambre s'incline sous la main de saint Remi ; il courbe volontiers sa tête, parce qu'il peut le faire avec honneur. Et pourquoi ne pas applaudir à nos philosophes spiritualistes lorsqu'ils taillent en pièces le scepticisme, le panthéisme, qui nous viennent des mêmes contrées que les idolâtres de Tolbiac ; lorsqu'ils font triompher sur ce champ de bataille les dogmes de la personnalité divine, de

----

(1) Voici ce qu'il écrivait à M. l'abbé ***, au moment de la transformation d'un de nos plus anciens journaux religieux. « J'accueille » avec un vif intérêt le projet de journal dont vous me faites l'hon» neur de m'entretenir .. Qu'il soit docte, théologique, sage, me» suré. Qu'il se garde de perdre son temps à disserter sur des opinions » qui seront éternellement des opinions, et que les théologiens » vraiment instruits savent d'autant plus respecter , qu'ils sentent » mieux les difficultés sérieuses que présente toute opinion contro» versée dans les écoles... Qu'il défende simplement et franchement » la foi catholique contre toute attaque ; qu'il montre un dévouement » filial et sans bornes envers le Saint-Siége... »

l'existence et de l'immortalité de l'âme? Peut-être qu'au retour de ces glorieux combats de la raison naturelle, ils comprendront mieux l'honneur de s'incliner devant les vérités de la révélation.

J'ai choisi ces récents débats, où la littérature et la philosophie ne sont pas moins intéressées que la religion, parce qu'ils m'ont paru tenir de plus près aux habitudes, aux préoccupations ordinaires d'une Académie. Ils font d'ailleurs bien ressortir une des plus chères vertus de l'Archévêque de Toulouse, la modération. Il avait adopté cette maxime d'un grand apologiste : — ne condamner que ce que l'Eglise condamne. Il poussait l'esprit de condescendance jusqu'aux limites qui séparent l'opinion libre de l'erreur; il se laissait aller sans crainte à cette bonté naturelle que j'appellerais simplement tolérance, si l'on n'avait donné à ce mot deux sens contraires, celui d'indifférence et celui de charité.

Mais, j'ai hâte de le dire, s'il aima toujours la modération d'un amour de préférence, c'est parce que la modération est mère de la fermeté, parce qu'elle sait réserver ses forces pour de plus sérieux combats... Avec cette rare pénétration des temps, des caractères et des choses, il avait compris que les hommes qui s'élèvent assez haut pour mépriser de vaines querelles, qui s'épuisent en héroïques efforts pour calmer les emportements d'une orthodoxie outrée, à l'appel du devoir passent aux premiers rangs, sans contrainte, sans apostasie, en vertu même de leurs principes, puisant, comme la veille, leurs meilleurs arguments, leurs inspirations les plus éloquentes, dans les saines traditions de l'Eglise (1).

____

(1) Cette vertu de modération qui lui était si naturelle, il aimait à la regarder comme le fruit précieux d'une longue expérience. Il avait vu le clergé de France à peine débarrassé des chaînes de la

Mgr Mioland montra plus d'une fois lui-même comment on pouvait concilier l'esprit de force et l'esprit de douceur. Il sut être indépendant, et il sut donner à son indépendance une tournure bien propre à déconcerter la diplomatie la plus obstinée. A l'époque des grandes luttes de la liberté d'enseignement, on voulut le contraindre à fermer une institution célèbre ; je voudrais pouvoir citer les paroles qui exprimèrent son refus. A travers la simplicité évangélique dont il ne se départit jamais, on entrevoit une résolution inébranlable ; les formes de sa polémique, toujours modérées, ne voilent qu'à demi une critique fine, élevée, et même un peu railleuse, des injonctions ministérielles.

Le vénéré Prélat dont j'ai essayé de retracer le caractère, la pensée, les sages principes, devait recevoir, peu de temps avant de mourir, une récompense

---

terreur, les reprendre avec amour pour sauvegarder l'unité catholique. Il l'avait vu, dans les temps les plus difficiles, unissant le culte des traditions, le respect des ancêtres au plus pur dévonement pour le Saint-Siége, s'acheminant vers Rome avec une lenteur qui n'était que de la prudence et de la dignité. Il avait avait vu M. de Frayssinous devançant de quelques pas les cardinaux de La Luzerne et de Bausset, et bientôt, de nombreux et saints Évêques devançant encore l'auteur des *Vrais principes*. Il avait vu les distances s'évanouir peu à peu, les obstacles tomber d'eux-mêmes, sans secousse, sans fracas ; il s'était mêlé avec amour à ce grand mouvement spontané, unanime, majestueux du clergé de France, et il ne cachait pas les tristesses que lui causait un zèle impatient et querelleur, bien propre à troubler, à retarder même l'embrassement du Père commun des fidèles avec l'antique Eglise gallicane. Dans l'année 1845, Mgr Fayet, évêque d'Orléans, avait réfuté quelques-unes de ces exagérations dogmatiques ; Mgr Mioland lui écrivit une remarquable lettre qui se terminait ainsi : « Je forme des vœux,
» Monseigneur, pour qu'une nouvelle occasion soit offerte à votre
» zèle de maintenir la juste renommée du clergé de France des deux
» derniers siècles, et de montrer l'injustice et l'ingratitude de cer-
» tains nouveaux écrivains qui ne comprennent ni ses services, ni
» son caractère, ni sa doctrine, ni son profond et filial dévouement
» au Saint-Siége. »

précieuse entre toutes , pour un cœur comme le sien.
Nous savons avec quelle joie, avec quel amour de
prédilection il fut accueilli par le Souverain Pontife.
Ces deux âmes également généreuses , également bien-
veillantes, n'eurent pas de peine à se comprendre, à
s'aimer.

Un jour que notre Archevêque avait reçu de plus touchantes marques de l'estime, de la tendresse de Pie IX,
on le vit se diriger, silencieux et recueilli, vers la
grande basilique romaine. Son visage portait les tra-
ces d'une vive émotion, son cœur battait avec force.
Bientôt il était agenouillé sur le marbre célèbre de la
Confession de saint Pierre , et versait d'abondantes
larmes. Lorsqu'il se releva, son front rayonnait d'une
joie calme mais profonde, et il ne refusa pas de révé-
ler au prêtre qui l'accompagnait , les mystérieuses
causes de son bonheur. Il y a vingt-quatre ans , dit-il ,
j'étais venu à Rome pour la première fois, à genoux
sur cette même pierre où je priais tout à l'heure , je
conjurai le Seigneur de me faire mourir avant mon retour en France s'il prévoyait que je dusse jamais
contrister le Saint-Siége. Dieu et Pie IX m'ont fait
comprendre aujourd'hui que mon vœu fut alors exaucé.

Ainsi, Messieurs, la carrière épiscopale de Mgr Mioland s'écoula tout entière entre ces deux effusions
de cœur, entre ces deux protestations de fidélité. Le
matin et le soir de cette journée de pontife furent
sanctifiés par le même acte de foi, par le même acte
d'amour. Aussi, cette journée fut pleine ; chaque
heure apporta sa part de rosée, de lumière ou de
chaleur ; elle parut moins éclatante que sereine , mais
les jours les plus féconds de la nature ne sont pas
toujours ceux qui ont le plus de soleil. Dans cette hé-
roïque uniformité, les bonnes œuvres se touchent, se
confondent comme les épis mûrs au temps de la

moisson ; et cependant, Messieurs, je distingue un grand acte d'humilité ; je me reprocherais de le passer sous silence.

Encore simple prêtre, Mᵍʳ Mioland avait refusé deux siéges épiscopaux ; évêque, il refusa la première place dans quatre métropoles (1) ; lorsqu'on lui offrit le second rang à Toulouse, il se laissa séduire, et il écrivit lui-meme ces paroles : « J'accepte, parce que je n'aurai plus devant Dieu une aussi grande responsabilité, parce que je veux profiter des leçons d'un confesseur de la foi, d'un évêque aussi distingué que Mᵍʳ d'Astros ; je lui voue, dès ce moment, la plus respectueuse soumission. » Ce trait ornerait la vie d'un saint ; il résume la vie de Mᵍʳ Mioland.

Ai-je besoin de rappeler comment cette vie, qui paraissait devoir se prolonger longtemps encore, s'est brusquement terminée au milieu de nous ? Le coup de foudre était si peu attendu, il fut si rapide, qu'il permit à peine à notre cher et pieux Archevêque de prononcer une parole : il n'en est pas de plus simple, il n'en est pas de plus connue, mais il n'en est pas de plus évangélique ; ce fut la parole de Jésus agonisant, « Que la volonté de Dieu soit faite ! »

Ma tâche n'est pas terminée, Messieurs, et ce n'est pas la partie la moins douce qui me reste à remplir. Je dois vous rappeler des souvenirs de famille, vous parler de l'homme de lettres, du Mainteneur des Jeux Floraux.

Mᵍʳ Mioland eut un esprit droit et un excellent cœur ; il n'en faut pas davantage pour constituer un homme

---

(1) L'archevêché d'Auch, en 1839 ; l'archevêché de Reims, en 1840 ; l'archevêché de Tours, en 1843 ; l'archevêché d'Aix, en 1846.

de goût. On a dit avec raison : « Le beau est ce qui plaît à la vertu éclairée ». La vertu éclairée, voilà donc le bon goût, le seul infaillible peut-être. Il serait aisé de prouver , ce me semble , que tout ce qui est contraire au beau , choque, en quelque endroit, ou l'esprit par défaut de vérité, ou le cœur par défaut de bonté.

Après un examen attentif de quelques œuvres manuscrites , qui ne furent jamais destinées à la publicité, j'ai éprouvé, je l'avoue, pour la modestie de notre confrère , un sentiment qui tenait à la fois de l'admiration et du regret. Dès ce moment, j'ai dû considérer sous un nouvel aspect la sobriété si connue de sa parole et de son style.

Entre toutes les qualités de la langue française , il en est une qui plaisait surtout au comte de Maistre : c'est la probité. « La langue française , dit Rivarol, est la seule qui ait une probité attachée à son génie. » Je ne connais pas, Messieurs, un écrivain qui ait mieux goûté, mieux senti cette première beauté de notre langue que Mgr Mioland. Je n'en connais pas qui ait professé un plus constant dédain pour la recherche, pour la déclamation, pour toute hypocrisie de la phrase.

En 1813, il était encore jeune séminariste ; mais comme on le destinait au professorat, il dut se livrer à des travaux préparatoires. Dans une longue et belle étude sur Jean-Jacques Rousseau, j'ai lu ces nobles paroles : « Je ne sais pourquoi la lecture des livres de Rousseau m'a laissé des impressions si différentes de celles que j'en attendais. La célébrité de ce sophiste, l'éloquence et la chaleur que j'avais remarquées dans quelques fragments détachés de ses ouvrages, me donnaient de lui une grande idée... J'ai été bien trompé dans mon attente. Certains morceaux, il est vrai , écrits d'un style brûlant, ne me laissaient prendre haleine qu'à la fin ; mais, venais-je à fermer le livre , à me rendre compte à moi-même de cette belle tirade , tout le charme s'évanouissait, et sous ce voile brillant, je n'apercevais qu'un imposteur » . Vous le voyez, Messieurs, il a senti le charme de l'élocution, la brûlante éloquence de Rousseau ; mais il a découvert l'imposture , et cela lui suffit.

Voici un exemple , plus étonnant peut-être , de ce goût exquis , de cette loyauté littéraire. A l'élévation morale se joint, cette fois, une sorte de discernement prophétique. Dans les premières pages que publia Lamennais, l'*Institution des Evêques,* le jeune et pénétrant critique reconnaît déjà « un style formé sur celui de Bossuet, mais avec une tendance vers la déclamation et l'emphase de Rousseau » . Il semble deviner que l'influence du second modèle l'emportera tôt ou tard , et il devine juste. Ce qui devait manquer un jour au style de Lamennais, aux *Paroles d'un Croyant,* au *Livre du Peuple,* c'était la probité.

C'est quelque chose , disait la Bruyère , de n'avoir pas fait un livre. Ne pourrait-on pas dire , de nos jours , avec plus de raison : c'est quelque chose de n'avoir pas fait de phraséologie. Mgr Mioland n'a jamais recherché que la précision, la pureté, l'exactitude , la netteté du style. Ce n'est pas la sonorité des périodes, ce n'est pas la profusion des images, qui caractérisent ses discours , ses mandements , ses lettres pastorales; j'ai donné la véritable cause de cet éloignement pour toute parure affectée. J'ajouterai une simple réflexion. —Il y eut des circonstances où cette sobriété de langage atteignit, sans efforts, une éloquence qui n'est ni facile, ni commune : l'éloquence de la dignité.

Une seule fois , peut-être, et ce n'est pas au milieu

de vous, Messieurs, que je craindrai de le rappeler, une seule fois l'Archevêque de Toulouse voulut oublier ses habitudes d'austérité littéraire. Vous lui ouvriez les portes de l'Académie. Encore sur le seuil, il vous parla le langage de l'effusion la plus intime; il croyait ne vous ouvrir que son cœur, et toutes les grâces de son esprit fin et délicat se trahirent dans ce premier entretien.

Je ne puis mieux terminer cet éloge qu'en vous parlant de son amour pour notre Académie. Vous fûtes les témoins de cette assiduité qui ne se démentait pas, tant que duraient nos Jeux. Il eût mieux aimé dérober à son sommeil le temps qu'il nous avait destiné. Toulouse sait d'ailleurs la part qu'il prenait à nos fêtes solennelles.

Il aimait l'Académie pour son ancienneté, pour ses traditions littéraires, pour son esprit chrétien. Entre toutes les vieilles choses, rien n'est aimable, a-t-on dit, comme les vieux livres et les vieilles amitiés; par conséquent les vieilles Académies qui sont un composé vivant de ces deux choses, par conséquent aussi la tradition. Oui, Messieurs, rien n'est aimable comme la tradition. C'est elle que nous avons écoutée avec tant de joie sur les genoux de notre mère; c'est elle qui nous accueillera dans le tombeau de nos aïeux; nous ne vivrons que par elle dans la postérité. Je ne puis comprendre qu'on ait protesté contre la tradition au nom du progrès; eh! qu'y a-t-il de plus traditionnel en France que le progrès? Ici encore, il m'est permis de faire appel au caractère, aux habitudes de notre regretté Confrère. Je me souviens de l'épanouissement de son visage lorsqu'on puisait dans nos corbeilles, trop rarement hélas! une de ces œuvres pleines de sève, de fraîcheur et de vie. Vous n'avez pas oublié cette attrayante et courtoise discussion où nous vîmes un Evêque calmer les inquiétudes d'un homme du monde

effrayé de quelques hardiesses , couvrir de sa protection le jeune poëte dont le talent et la foi sincère
avaient donné aux Lettres de si belles espérances (1).

Qu'il m'est doux de reconnaître, dans cet esprit sage
et libéral de celui qui fut notre Evêque , l'esprit même
de cette Académie ! Non, Messieurs , ce n'est pas nous
qui craindrons de dire aux poëtes , aux orateurs de
nos concours : —Vous pouvez fuir les sentiers battus ,
vous aventurer à travers champs ; vous y trouverez
toutes nos Fleurs ; elles s'épanouissent partout où pé-
nètrent les purs rayons du soleil. Vous tenez à ra-
jeunir la langue , à lui rendre ses libres allures d'autre-
fois,... nous sommes avec vous ; vous recherchez de
nouveaux horizons, l'espace, la liberté,... nous ne
vous demandons qu'une chose,.. les rayons du soleil,
les purs rayons du vrai , du bien et du beau , les principes de la foi , de la morale et du goût;.. ces principes éternels , nous les aimons , nous les honorons
comme nos Fleurs, *his idem semper honos !* — *His idem
semper honos* , ce sera le dernier mot d'adieu au pontife qui fut notre confrère,... le premier mot de salut
au pontife qui vient le remplacer parmi nous (2).

Je citais tout à l'heure ces belles paroles de Fénelon : «Soyez père ; ce n'est pas assez, soyez mère.» Il
n'y a pas bien longtemps que j'en ai compris toute la
douceur. Je ne les avais jamais entendues tomber des
lèvres d'un Evêque. Le jour où l'Eglise de Toulouse
vous fut confiée, c'est vous-même qui nous l'avez dit,
Monseigneur, il vous sembla que le doux Archevêque
de Cambrai les répétait à votre oreille, et vous nous
les apportiez comme le programme de votre épiscopat.

____

(1) Paul Reynier, de Marseille.
(2) Mgr Desprez , Archevêque de Toulouse.

Vous avez donc choisi Fénelon pour votre modèle,
pour votre bon génie. Nous savions déjà comment sous
les voûtes mêmes de sa cathédrale, dans la même
chaire où sa voix se fit entendre, vous aviez renouvelé
les miracles de sa parole et de sa charité; nous savions que sa ville de Cambrai vous avait vu traîner
dans vos bras, charger sur vos épaules, un pauvre
cholérique abandonné. Vous êtes de sa famille, Monseigneur, et c'est d'un bon augure pour notre Académie. Dans un cœur fait à l'image de celui de Fénelon,
il y aura toujours une large place pour les Lettres.

Toulouse. Impr. de DOULADOURE FRÈRES, rue Saint-Rome, 41.